AF295066

Omslag: Sanvers Bokdesign
lena@sanver.se
https://lenasanverillustrations.myportfolio.com/work
Förlag: BoD – Books on Demand, Stockholm, Sverige
Tryck: BoD – Books on Demand, Norderstedt, Tyskland

ISBN: 9789178511785

Omslagsbild
"Fredmans Epistel No 41. Strof 5", scen med båtresa
i månsken. Ett kolorerat litografiskt blad, 18 x 12 cm,
illustration till Fredmans epistlar. Utgivet av A. Bonniers
förlag i Stockholm, tryckt på Arnz & Cie i Düsseldorf, ett
företag som existerade under 1800-talets första hälft.
Har tillhört Manskören SN, som skänkte det till Sörm-
lands museum.

FÖRORD

ETTA HÄFTE MED dryckesvisor har sammanställts av några gamla studentsångare med förkärlek för god mat och dryck i kombination med sång av mer eller mindre skabrös karaktär. Vi har, med mer eller mindre tydlig framgång, framträtt i olika sammanhang under namnet Snapsvisekören Supranos med visor av högst divergerande innehåll, därav namnet på denna skrift - "Supranos 100 sånger - från psalm till sänghalm".

Vi har, i detta gedigna verk, utgått från antika handlingar som påträffats vid utgrävningar i Klintehamn på Gotland där bröderna, och tillika svedjebönderna, Goran Ullfager och Yggvert Yxa under 1800-talets senare hälft lyckades utvinna manuskript från 1700-talet med dryckesvisor författade i den tidens dryckes- och vistradition. Sedan vi fått tillgång till materialet har vi pietetsfullt restaurerat det i syfte att överföra visorna till ett modernt sammanhang och till melodier som alltjämt är kända här i landet.

För tydlighets skull vill vi framhålla att vi verkligen inte uppmanar till ett överdrivet intag av alkohol. Vår åsikt är att såväl alkohol som vatten ska avnjutas under gemytliga former. Att sjunga är trevligt! Att sjunga dryckesvisor, gärna i samband med måltid, kan vara än mer trevligt. Det visste redan Bellman som varit en stor inspiratör till denna utgåva.

Trots att det inte finns några föreskrivna krav vad gäller mat och dryck så kan vi varmt rekommendera Hallands Fläder till sång 49 och OP Andersson eller Aalborg till visan om Gamle Dansken. Till de ganska rikligt förekommande kiss- och bajsvisorna vill vi livligt rekommendera Beska Droppar eller Bäverhojt samt mycket toapapper.

Vi som skrivit har i alla fall haft kul och vi inser förstås att flertalet visor torde vara föga politiskt korrekta och därför måste vi - av säkerhetsskäl - skriva under pseudonym.

Utgivarna

YLLE - SCHLAGERS

Do you ever get drunk?

- ☐ Yes
- ☐ No

1. SAMLING PÅ UTEDASSET
Mel: Det är dans på Brännö Brygga

Det är samling på utedasset
en gammal och kär tradition.
Fullt utav sprit och
trevlig musik
ja, vad är väl dass utan
dragspelets toner?

Det är samling på utedasset
en plats är ledig för dig.
Kom braka loss
det finns plats för koloss
och flaskan den går runt.

2. FYRA ÖL OCH EN ROM OCH COLA
Mel: Fyra bugg och en coca-cola

Fyra öl och en rom och cola
doft av sommar och romantik.
Fyra öl och en rom och cola
gör dig redo för erotik.
Vill du leva och vill du dansa?
våga skratta och våga chansa?
Fyra öl och en rom och cola
på stadshotellet i Örnsköldsvik.

3. MAN SKA SUPA MED VARANDRA

Mel: Man ska leva för varandra

Man ska supa med varandra
och ta vara på den sprit man har.
Man ska supa med varandra
för en dag finns bara tomglas kvar!

4. NU JÄKLAR SKA VI SUPA BANNE MIG

Mel: Det börjar verka kärlek banne mig

Nu jäklar ska vi supa banne mig.
Så som man gör på krogen tänka sig.
Bit inte av din sup
sänk den i magens djup.
Ta supen hel
är inte fel!

5. NÄR DET VÅRAS MELLAN LÅREN

Mel: När det våras mellan bergen

När det våras mellan låren
får jag komma till dig då?
Och servera styrketåren
som vi tillsammans bränt vi två.

6. DÅ GÅR JAG NER I MIN KÄLLARE
Mel: Då går jag ner i min källare

Då går jag ner i min källare
där lever jag sällare
för där har jag mängder av whisky, öl och
vin.
Jag häller suparna rätt i magen
njuter och glömmer dagen
ända tills jag drar ner min rullgardin.

7. RUSET ÄR FÖR KORT
Mel: Sommaren är kort

Ruset är för kort!
Det mesta sovs ju bort.
Men nu är det här
så ta för dig,
spriten flödar idag!

Bakis blir du snart
Det går med vindens fart.
Så lyssna på mig,
Spriten flödar
kanske bara idag.

8. SOMLIGA GÅR MED HALVFULLA GLAS

Mel: Somliga går med trasiga skor

Somliga går med halvfulla glas
Säg vad beror det på?
Gud fader med en bister grimas
Kanske vill ha det så?

Somliga går med halvfulla glas
tills dom har slutat gå.
Djävulen bjuder sen till kalas
och fyller då glaset på!

9. TA EN SUP

Mel: Tänd ett ljus

Ta en sup och fortsätt supa
låt aldrig ruset försvinna.
Det är mörkt nu
men det blir ljusare igen!

10. LIVET ÄR EN FEST

Mel: Livet är en fest

På fredagskvällen bubblar det uti min
hypofys.
Då vill jag dricka brännvin, jag vill ha mitt
fredagsmys!
Då grundar jag med groggen, den slår ner
med en krevad
och fredagsdrömmen växer om en fylla
varm och glad.

Livet är en fest,
håll med om det folk och fä.
Jag struntar i alkotest,
för det är fredagsfest!

11. UTI MIN MAGE

Mel: Uti vår hage

Uti min mage står snapsar på rad.
Kom hjärtans fröjd.
Ge mig en till för då blir jag så glad!
Kom OP och Hallands fläder.
Kom innan jag släpper väder.
Kom Skåne, kom Aalborg.
Kom gör mig nöjd!

12. BRÄNNVIN

Mel: Främling

Brännvin, vad döljer du för mej
i dina svala flaskor?
Ge mej en chans!
Vi tar en dans! Kom, brännvin!
Ja, brännvin, jag vill ju va med dej!
Känna dej i min strupe,
vill gå på djupet och utför stupet,
bara med dej!

13. GAMLA FASTER

Mel: Gamle Svarten

Gamla faster
hon hade många laster.
Tog en sup re'n klockan tio
sen så gick hon på porrbio.
Sen spela' hon bort allt på trav.

Gamla moster
Hon var ett sånt missfoster.
Hade näsan uti nacken,
det blev värsta gasattacken
Tarmgaserna blev hennes grav.

14. TAR EN KNAPP
Mel: Jag är lapp

Tar en knapp för jag har ju min renat.
Jag har snapsvisans rytm i mitt blod.
Jag kan supa - det var nog så menat
för den spriten, den är ju så god!

Här vid foten av snöklädda fjället
finns en plats dit jag drar varje vår.
Det är inte nåt märkligt med stället
det är likadant år ifrån år.

Det var här som vi mötte varandra
det var lappdricka, tacka för det.
Den var starkare än alla andra
ja, det starkaste man kunde se.

Men när jag kom tillbaka till stället
fanns av lappdrickan inte ett spår.
Men till foten av snöklädda fjället
Kommer jag minst en gång varje vår.

15. INGEN VIT JUL

Mel: White christmas

Jag drömmer om en jul hemma
där Vintergatan slår sin bror
med röda knogar
i tysta skogar
i snön
invid frusen mo.
Jag drömmer om en jul hemma.
Där blir det fest i sus och dus
med julskinka och tomtebrus.
Ja, jag längtar till ett granskogs-rus

16. VAD ÄR ETT BURSPRÅK

Mel: Vad är vänskap

Vad är ett burspråk.
Kan det förklaras.
Kvittret som säger
burfolk är vi.
Sällan vi kvittrar
om vad vi tänker
vi bara språkar
bråkar.
Burfolk vi vill förbli.

17. STÖRST AV ALLT
Mel: Störst av allt är kärleken

Störst av allt är konjak
och den följs av öl och vin.
Den tänder ljus i mörkret
och i ljuset får vi ro.
Den slutar aldrig att hoppas
och den bär dig när du är trött.
Se hur blommorna knoppas
och allt blir återfött.
Den ger liv åt det som vissnat.
Ord åt det som bara anas
ger dig styrka som du inte trodde fanns
men om du tror på konjak finns den
någonstans.

Störst av dem är konjak!
Du behöver inget mer.
När allt omkring dig bleknar
är det bara den du ser
ingenting som du äger
ger dig samma tröst som den.
Se hur lätt det väger
när du funnit konjaken.
Den ser vårens första blomma

vill den ska få plats att leva.
Vet att hösten inte kan ta död på den

den väntar ju på våren.
Störst är konjaken!

Den ska ta dig genom livet
ge dig mod att orka leva.
Den ska alltid hitta hela vägen fram
för om du tror på konjak
finns den någonstans!

18. GE MIG ETT GLAS
Mel: Ge mig en dag

Ge mig ett glas av ädlaste guld,
av droppar ljusa och klara.
En cider så stark att jag faller omkull.
Av äpplen från Österlens dalar.

Ge mig en natt då vinet slår till
då Syrah och Zinfandel talar.
I lust och i nöd, så full som jag vill
i lundar vid Österlens dalar.

Ge mig den stund och ge mig den tid
då hundra supar så svala
flyger ens själ till himmelen vid
på hedar vid Österlens dalar.

19. AMARONE
Mel: Bella Notte

Åh, vilket vin
detta ljuvliga vin
som vi kallar Amarone!
Se vilken syn
alla druvor i byn
blir till ljuvlig Amarone!

Fjärran från den du älskar
blir flaskan ödsligt tom
men i dess värme sluts du in
i dess trolska rikedom, åh.

Åh, detta vin
det är ungdomens vin
som vi kallar Amarone!

20. MIN FRU
Mel: Min soldat

Min fru luktar illa
och hon har nageltrång,
två hemorrojder
och en tredje på gång.
Men det gör det samma
för hon tvättar min kalsong,
någon gång om året.

21. LIV I GRUS
Mel: Stad i Ljus

Min resa gick med spriten
så fort som tillfälle bjöds
jag lärde mig att hitta
alla tillfällen då alkohol-ol rikligt bjöds.

Refräng:
En bar full med sprit
är det land där jag trivs.
Ge mig "spris"
och allting har ett pris.

Men så blev allt förändrat.
Jag börja leva sunt igen
och levern kunde andas
och bukspotts körtel-en
börja känna sig så ren.

/:Liv i grus är det pris jag betala då
för utan sprit kunde jag inte gå:/

22. KUPONGEN
Mel: Koppången

Med min tummade motbok
till Systemet vill jag gå.
Jag har fått en extra kvarting
så nu får jag hämta två.

Och jag stannar vid vägen
för att smaka lite grann
och blir fångad i det gränsland
som förenar sprit och man.

Och jag tackar Systemet
för kupongen som jag fått
den fördubblar de supar
som i veckan jag kan njuta.
Och jag vet att veckan blir föga vit
och jag själv kommer va'
som en pladdrande dåre
så länge det finns sprit.

Där bland gnistrande supar
som förbleknar en och en
kommer livet väldigt nära
som en skymf av sanningen.
Vi är fångar i spriten
och vi tar med darrig hand
greppet om ett frostigt snapsglas
som är fyllt till breddens rand.

En sekund är jag nykter
sen så vet jag inget mer.
Bara ett, att jag nog är lika full som någon
annan
och jag vet att där på en frusen väg finns
det värme ändå
för kupongen har gjort att min kvarting
blivit två!

23. GAMMELDANSKEN
Mel: Gamle Svarten

Gammeldansken
min vän på vida färden.
Gammeldansken
den bästa sprit i världen.

Refräng:
När din flaska den är tömder
och jag glad av ruset glömsk är
så tänker jag gärna helst på dig.

Gammeldansken
du fyller mina raster.
Gamle GD
passar till damasker.

24. KÖLSVIN

Mel: Vad är en vänskap

Vad är ett kölsvin.
Kan det förklaras.
Grymtet som säger
kölsvin är vi.
Också vid rodret
ses vi rätt sällan.
Vi bara vet det
vet det
kölsvin vi vill förbli.

25. JAG ÄR FYLLSJUK

Mel: Jag är spelman

Jag är fyllsjuk. Jag är dålig
min mage känns ej bra.
Jag började att dricka då jag smakat tra la la.
Det var inte särskilt äckligt
det var heller inte gott.
Men med facit uti hand jag
denna dryck bort försmått.

Det var Goran den krabaten
som stod i Klintehamn och
bjöd ur hemgjord flaska.

Han sa det var lik-kör
och nog fan var det blött och
nog så var det dött.
Och jag som hade suktat hårt
och trott att det var sött.

26. BAND AID
Mel: Jag har skrivit till min flicka

Jag har bundit fast min flicka
vid en sängstolpe med knopp.
Det var roligt och hon skrattade
och sa mera.
Men när jag hade fått till det och
var nära hennes kropp.
Ville knutfan inte genast
Lösas opp.

Hon blev rädd och börja skrika
så jag hämtade en dolk.
Skar av repet och började förklara
det gick inte särskilt bra så jag
fick ringa en tolk.
Sen den dagen har jag inte sett "na" mera.

-Jag tror vi snedtände lite på den där lutfisken.

BAR(N)VISOR

27. DET BOR EN HEMBRÄNNARE I STADEN
Mel: Sockerbagaren

Det bor en hembrännare i staden
han bränner hemma mest hela dagen
han bränner vodka, han bränner snaps
han bränner tills han får en kollaps.
Och i hans kokeri det luktar finkel
så ögonen dom går i kors och vinkel
om du är törstig får du en hutt
och sen vi sjunger en trudeluttl

28. FYLLOT SATT I GRANEN
Mel: Ekorrn satt i granen

Fyllot satt i granen
skulle dricka hembränt.
Fick han höra barnen
som plötsligt hade anlänt.

Svepte flaskan med en fart.
Å, det smaka' underbart!
Sen så kom snart ambulansen.

29. ÖLDRÄNKTA GOLV

Mel: Vi gå över daggstänkta berg

Vi gå över öldränkta golv fallera!
Vi festat hela dan sen klockan tolv fallera!
Jag sista ölen spillt och jag tappat bort min kilt,
där nånstans på mitt öldränkta golv fallera!

30. PRÄSTEN BÖRJA' BRÅKA

Mel: Prästens lilla kråka

Prästen börja' bråka:
"Inga ekivoka
visor här uti min kyrka!"

"Ska ni spriten prisa
får jag er förvisa
Satan själv ni verkar dyrka!"

Men bakom gardin
han drack nattvardsvin
och prisade nöjd dess styrka!

Men bakom gardin
han drack nattvardsvin
och prisade nöjd dess styrka!

31. MORS LILLA FYLLO
Mel: Mors lilla Olle

Mors lilla fyllo i skogen gick.
Rosig om näsan med skelögder blick.
Tänk om en sup plötsligt här kunde stå.
Tänk om jag slapp att så ensam här gå.

Huttelihutt, vilken skön chimär!
Plötsligt försvann abstinensbesvär.

Immigt är glaset och fyllot blir glad.
Åh, en kamrat det var bra se god dag!

Mor fick nu se dem, gav till ett skri.
Supen sprang bort, nu är leken förbi.
Åh, varför skrämde du undan min vän?
Mor lilla be honom komma igen!

32. SÅ GÅR VI RUNT MED VÅRT NAGELTRÅNG
Mel: Så gå vi runt kring ett enebärssnår

Så går vi runt med vårt nageltrång,
nageltrång, nageltrång.
Doppa nu tårna uti buljong
tidigt en söndag morgon.

33. JAG ÄR EN LITEN SLEMPROPP

Mel: Vi äro musikanter

Jag är en lite slempropp allt ifrån Skaraborg.
Jag tycker mest om buk-spott allt ifrån
Skaraborg.
Jag kan supa, fio-fio fio lej.
Jag kan stupa när jag blivit full.
Och jag kan dricka åt andra hållet, andra
hållet, andra hållet.
Och jag kan dricka åt andra hållet,
andra hållet med.

Skål!

34. JAG ÄR ETT LITET FYLLO

Mel: Jag är ett litet ylle

Jag är ett litet fyllo.
Bom chika bom chika bom bom bom.
Med världens värsta nyll-o.
Bom.... Bom bom bom.
Jag ligger i min fyllegrop och
skriker glada fylle rop:
Skåne! Skåne! Op på Er allihop.

35. VISBY RINGMUR

Mel: Så gå vi runt kring ett enebärssnår

Så gå vi runt kring Visby mur,
Visby mur, Visby mur.
Hittar vi hem så har vi tur,
tidigt en söndag morgon.

Så göra vi när vi hänga våra kilar,
ta oss några silar, leka med filar.
Så göra vi när vi hänga våra silar,
tidigt en lördag morgon.

Så kommer "bängen" och slår oss i bitar,
tjuter och skriker,
hotar med batongen.
Så gör polisen när de kör oss till finkan,
tidigt en fredag morgon.

36. MIN FAR

Mel: Min hatt

Min far han har kateter
och går med rumpan bar.
Hans längd är blott en meter
Ja, sådan är min far!

37. ODD FELLOWS

Mel: Gubben Noa

Oddkamrater
aldrig later
ständigt jobbar man.
Först en liten ÖM
och på det en liten UM
CM har vi
KM tar vi
Hurra och gutår!

Uti klubben
Har vi snubben
som skänker ut all sprit.
Dricker den till maten.
Spiller den på faten.
Utan Skåne
Utan OP
Får vi ingen nit.

Skål!

38. LILLE PALT

Mel: Lille katt

Du har allt
lille palt
som man kan begära.
Besk som pors
fångad vid fors
allt man vill förtära.

Skicka bud
till din hud.
Daglig dos är skön att få.
Kryddad sprit Akvavit
och till det en liten blå.

39. MACKMYRAN

Mel: Blåsippan uti backarna står

Mackmyran skön uti glasen stå.
Niger och säger "Kom hit, smaka på!"
Fyllan är frejdig och skön som Bardot,
man får ju supa på toppnivå!

40. EN SUPARAFTON

Mel: En sommarafton

Över bord och över golv
kräks jag i min yra.
I skallen dunkar det en kolv
i magen är blott syra.
Ack, vad kval och smärta
i en stund som denna!
Det kostar på att spriten förbränna
det får man nog erkänna!

41. GLÄDJENS FLASKOR

Mel: Glädjens blomster

Tänk om flaskor i jordens mull
kunde fås att gro!
Odla nubbar jag skulle då,
Ja, det kan ni tro!
Och när nubbarna börjat gro
skulle jag gå och fiska
så jag hade inlagd sill
till mina nubbar friska.
Så jag hade inlagd sill
till mina nubbar friska.

42. SÅ KLUNKA VI
Mel: Så Lunka Vi

Så klunka vi på finnars vis
då ska man supa som en gris.
Man bastar, slår varann med ris
tills grannen ringt polis.

Tycker du att Kosken är för stark
för en svenne river den som bark
ta dig sen dito yx, dito kax, dito kolm
sen kan du simma ända till Stockholm.

43. BÄGARN SVINGAS
Mel: Fjäril vingad

Bägarn svingas supen tagas
helst med hemgjord vätska i.
I mitt gröna skjul tillagas
allt från bäsk till eau-de-vie.
Minsta sup i glas och flaska
glada rusets låga väckt.
Så i skjulet vill jag slaska
bränna hemma, det är käckt!

44. DET ÄR GUDAGOTT ATT SUPA

Mel: Här är gudagott att vara

Det är gudagott att supa
O, vad livet dock är skönt.
Smaka fröjd från flaskan sen stupa
ner i gräset som är grönt.
Huvet snurrar, magen kurrar
vinglig slår man nöjd sin drill.
Men de brännvinsfyllda skålar
töms så lätt utan nåt spill.

45. ÄDELBAJS

Mel: Edelweiss

Ädelbajs, Guanobajs
förstoppad fågel från Lima.
Fågelns nöd, den andres bröd
gödning som är sublima.
Flyger sen bort
över gammalt dass
släpper en klutt på taken.
Ädelbajs, Guanobajs
Känslan är fin för baken.

46. ETT FYLLESLAG

Mel: O Tannenbaum

Ett fylleslag, ett fylleslag,
det är ett slag med fylleri.
Och är det inget fylleri,
så är det inget fylleslag.
Ett fylleslag, ett fylleslag,
det är ett slag med fylleri.

47. VEM KAN MÅLA FÖRUTAN FÄRG

Mel: Vem kan segla förutan vind

Vem kan måla förutan färg?
Vem kan sy utan nålar?
Vem kan baka förutan deg
och supa förutan skålar?

Jag kan måla förutan färg.
Jag kan sy utan nålar.
Men ej supa förutan skål
utan att fälla tårar.

48. ÅTERVINNINGENS LOV
Mel: Auld Lang Syne

Ska gammal fylla slösas bort
eller ska den fyllas på?
Ta dig en återställare
så är du snart på G!
En Skåne när du vaknat opp
får fart på själ och kropp.
Att återvinna fylleri är tidens melodi!

Så sjung med oss
sjung starkt och fint
sjung återvinningens lov.
Låt gammal fylla fyllas på
med hembränt och hemska skrål!

Ska välförvärvat njutningsrus
förspillas utav slarv?
Ska den som sökt och funnit tröst
förtvina som en larv?
Nej, broder bjud din hulda opp
i morgonrodnads sken.
Ge henne en rejäl sitt-opp ifrån bolaget i Flen.

En OP gör din kropp så glad
den återställer allt.
Får dig att njuta hundrafalt.
Du blir som en frivol galt!

49. MEN ACK VAD VIT MIN SJÄL DÅ VAR

Mel: En vänlig grönskas rika dräkt

Men ack vad vit min själ då var.
Nu dränker jag den uti alkohol.
Den smeks av vinets ljumma fläkt
och rusigt jag ropar mitt ”Skål!”

En sup lyfts opp med fröjd och hopp
och klirret ifrån glasen
förkunnar snaps-extasen!

50. SVÄLJ NU SYSTER

Mel: Punschen kommer

/:Svälj nu syster
Snapsen yster
”Björn-pitts-kall”:/

Skål för för dryckens kyla,
skål för snapsens rus.
Skål för alla dem som älskar
liv och brus.

51. RIDDARFJÄRDEN

Mel: Solen glimmar

Riddarefjärden blank och hård
Movitz rensar pipan.
Wasatornet högt och stolt.
Nu slog klockan fyra.
Mowitz tar en näsduk fram
lägger den uppå sin dam.
Ulla bjuder på en kram.
Nu så skall man supa.

52. KVASTFENINGEN

Mel: Nu grönskar det

Bland kvastar och skurhinkar
jag vilar här en stund.
Ramla illa in i denna skrubb
för att jag va lite rund.

Refräng:
En benpipa den putar ut
och ryggen den är slut.
Men flaskan har jag ändå kvar
den jag fick utav min far.

Skål!

53. MATROSVISAN
Mel: En sjöman älskar havets våg

En sjöman älskar att bli full
hör vågornas brus.
Han månar också om sitt hull
i stormarnas sus.

Farväl, Farväl
du glade Matros.
Hur har du det
med artros?

Farväl, Farväl
se upp med din häl
när supen
blir till narkos.

54. GAMLA GRINIGA BEATA
Mel: Alta Trinita Beata

Gamla griniga Beata
söp inte sämre än gubbar på vår gata.
Griniga systern Åsa
full även hon, gilla' skumpa som är rosa.
"Du, se manna från himmelen" sa Åsa
när Systembolaget glömt att låsa.

55. UTI MIN MAGSÄCK

Mel: Uti vår hage

Uti min magsäck
så finns det ett glas.
Kom skön extas.
Jag svalde det olyckligt
på Odd-broders kalas.
Där var Helan och där var Halvan,
liksom tersen och Axel von Fersen.
Movitz var bjuden men kom inte alls.

Att skiljas från glaset
det är inte lätt.
Kom skön closett.
Det sitter på tvären
och har en rosett.
Kom bukspott och Mjältar mjuka.
Kom njurar hjälp till att skjuta
ett glas från magsäck. Jag vill ha avec.

Skål!

HYLLNING TILL SNAPSEN

56. SNAPSEN GODA
Mel: Gubben Noa

Snapsen goda
som en groda
dyker i min hals.
Faller ganska illa
samtidigt med "silla".
Slår sig illa
liksom silla
innan allt nermals.

Skål!

57. VI ÄRO FYLLERISTER
Mel: Vi äro musikanter

Vi äro fyllerister allt i från Gävleborg.
Vi dricker både hemma, på gator
och på torg.
Vi kan dricka helrör med fin akvavit.
Vi kan dricka mäsk och hembränd sprit.
Och vi kan dricka rom med fader Allan.
Kom fader Allan! Kom fader Allan!
Vi kan dricka rom med fader Allan
han säger aldrig nej!

58. VAR ANNAN VATTEN
Mel: Buren i vatten

Varannan vatten
Håll huvet klart!
Men efter vattnet
kommer supen snart!

59. LILLE SNAPS
Mel: Lille katt

Lille snaps
lille snaps
lille söte snapsen.
Du är bra
mycket bra
även nu på natten.

Man sover gott
drömmer flott
låter sig förföras.
Vilken pott
utan klott
sussar skönt på örat.

Skål!

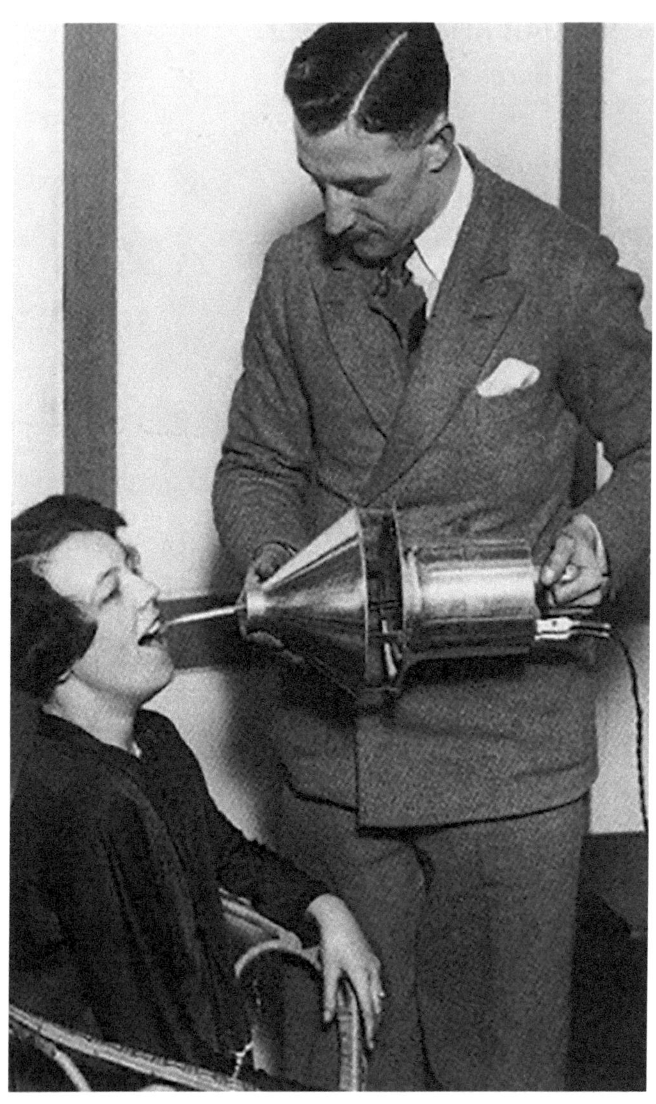

- Låt mig få demonstrera vår nya helautoma-
tiska snapsdestillator. Lägg i en potatis och sätt
sladden i väggen bara!

HEM-BRÄNNING

60. LÅT MIG FÅ BRÄNNA DIN SPRIT
Mel: Låt mig få tända ett ljus

Låt mig få bränna din sprit
bränna den bara för dig
låta den puttra och gå
till den blir färdig att slå
upp uti spetsfyllda glas
bjudas på något kalas.
Då ska vi snapsa vi två
tills finkeln cellen gör grå.
En snaps för bara dig och mig
en dryck som gör (att) du ropar hej.

61. HEMGJORD SPRIT
Mel: Lille katt

Hemgjord sprit fylld av flit
rinner från min apparat.
Finkelbit luktar skit
river bra så skål kamrat.

Hemgjord sprit ger aptit
oj, så fint jag äter.
Akvavit, sillebit
och till det potäter.

62. JAG BRÄNNER I MIN MILA

Mel: Jag väntar vid min mila

Jag bränner i min mila
medan timmarna skrida.
Det ska bli fest här i skogen
när spriten är klar.

Jag kryddar den med örter och
kanske lite nötter.
Den käraste den käraste
Hon skall av drycken ta.
Skål!

- Jag skrev en dikt idag:
"Jesus lever är nog bättre än min. För jag har druckit Gin ..."

KYRKLIGA SÅNGER

63. BLOTT EN ÖL

Mel: Blott en dag

Blott en öl, en liten klunk i sänder
sen så ska jag aldrig dricka mer.
Men om törsten ändå återvänder
ja, då vill jag sannolikt ha fler.
Jag vill smaka alla goda sorter
en beskig lager med god humlesmak
och en riktigt mustig gammal porter.
Ja, jag tror jag köper mig ett flak.

64. MAN SUPA I ÖST OCH VÄST

Mel: De komma från öst och väst

Man supa i öst och väst
man supa i syd och nord
men vad smakar bäst
när vi ska ha fest?
Vad ska vi ha på vårt bord?
En vodka så len och fin?
En tunna med mustigt vin?
Nej, vi tar en akvavit, vår bästa medicin!

65. SOM NÄR ETT GLAS

Mel: Som när ett barn kommer hem

Som när ett glas kommer fram om kvällen
och töms i en törstig tarm.
Så var det för mig att smaka en sup.
Jag kände att här hörde jag hemma
där fanns en skatt i buteljens djup
en skatt som väntade på mej.
Och jag kände - här är jag hemma!
Jag vill alltid va kvar i mitt rus!

66. HÄRLIG ÄR NUBBEN

Mel: Härlig är jorden

Härlig är nubben, sillen och jordgubben.
Skön är midsommarn med sin stång.
Ungarna ränner, snapsarna bränner
och vi super natten lång.

67. BRYGGAR-EKAN

Mel: Tryggare kan ingen vara

Bryggar-ekans åror plaska
när den kommer med vår flaska.
Vi får ro i våra själar
Ro får också bryggarn's trälar.

68. SE, VI GÅ TILL VÅRT SYSTEMBOLAG

Mel: Se, vi gå upp till Jerusalem

Se vi gå till vårt Systembolag
vi gå att bland flaskor vraka
för att som vår himmelske fader vill
det bräddfyllda glaset få smaka.

69. BRYGGARE KAN INGEN VARA

Mel: Tryggare kan ingen vara

Tryggare kan ingen vara
med blott vatten som råvara.
Nej, om drycken oss ska läska
Krävs malt, jäst och humlebeska.

70. MÅ EN SUP GÅ DIG TILL MÖTES

Mel: Må din väg gå dig till mötes

Må en sup gå dig till mötes
och må vinet vara din vän.
Och må whiskyn värma din kind
och må cognac vattna själens jord.
Och tills vi möts igen
må du hålla
supen i din hand.

71. FLASKAN ÄR MIN FRÖJD OCH GLÄDJE

Mel: Bach-Jesus är min fröjd och glädje

Flaskan är min fröjd och glädje
All min trygghet, all min tröst.

Supen bär min sorg och ängslan
oron viker från mitt bröst.

Den är själens hopp och längtan
hjärtats glädje och förväntan.

Den mig aldrig överger
aldrig ska jag torka mer!

72. EJ URDRUCKNA SUPAR

Mel: Ej upplysta gårdar

Ej urdruckna supar, ej öppnade öl
kan sparas till söndag och tas utan söl
när man va-a-knar på morgon
och är lite trött
sen somnar man glad och man sover så
sött.

73. HEMBRÄNT!
Mel: Otto Olssons Advent

Otto Olssons pyttipanna smakar bäst
med hembränt till.
Jubla högt ditt "Helan går"!
Se din nubbe du får!
Starka drycker han har sänt!
Fröjda dig med öl och hembränt!
Kom med kassen så det klirrar.
Låt din strupe vidga sig.
Kom med öl så magen pirrar!
Rusets konung möter dig!

Salighetens dag han tänt.
Salighetens dag han tänt.
Fröjda dig med öl och hembränt!
Spritens flöde ej kan stanna,
liksom stora vattens dån ljuder evigt
"Himlens manna, i en kanna! Hej gutår!"
Sådan fröjd ej världen känt.
Fröjda dig med öl och hembränt.
HEMBRÄNT!

74. ASATRO

Mel: Barnatro

Har du kvar din asatro
den du fick i Örebro.
Kan du tro så fint
som förr du alltid gjort.

Trott på tomtar och på troll
och på näcken
och hans stoll.
Kanske har du även
hamnat uti groll.

Refräng:
Asatro, Asatro.
Från Valhall det finns en gyllne bro.
Asatro, från Örebro.
Med din tro på sprit
blir livet Akvavit.

75. TRYGGA RÄKAN

Mel: Tryggare kan ingen vara

Trygga räkan smakligt spisas
Med chablis i våra vinglas.
Och en liten, liten pärla
sköljer fint ner denna märla.

76. TRYGGAD RENAT
Mel: Tryggare kan ingen vara

Tryggad renat ifrån Skara
ficks utav bekant från Vara.
Tog den med till Höga kusten
drack den iskall där med "Fursten".

Tog den med till bastun kära
men den satte sig "på tvära".
Svår att svälja och förtära
smaka mest som utspädd tjära.

77. VI FÅR SNAPS ALLIHOPA
Mel: Vi får plats allihopa

Vi får snaps allihopa
det är fyllekalas!
Vi får supa tillsammans
alla har fulla glas.

Här finns supar som lenar.
Här finns vin som förenar.
Vi får snaps allihopa
på vårt fyllekalas!

78. OP ANDERSSON

Mel: Hosianna

Åh, se OP Andersson!
Välsignad vare han!
Världens bästa Andersson
som kommer i rusets namn.
OP Andersson i höjden
OP Andersson, OP Andersson.
Välsignad vare han
som ruset för i hamn.

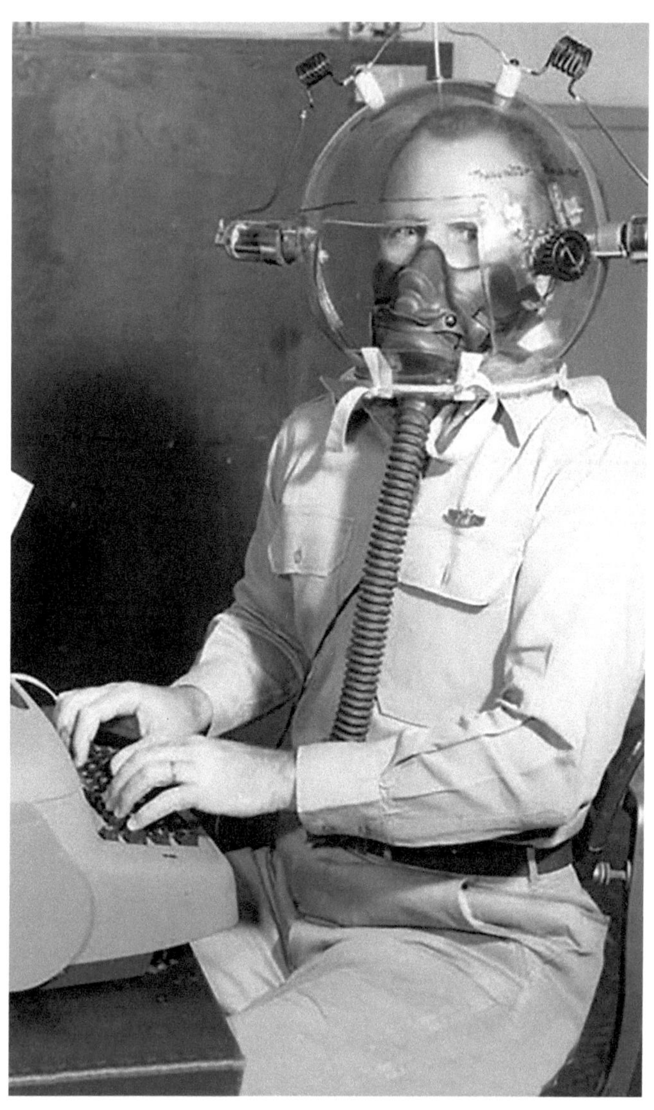

-Ska man skriva snapsvisor på så här hög nivå så måste man ha både hjälm och en adekvat syrgastillförsel.

VISOR FÖR BAD OCH BASTU

79. PEKKA BADAR BASTU

Mel: Punschen kommer

Pekka badar, Pekka badar
skål, skål, crawl.
Pekka badar, Pekka badar
tvål, tvål, tvål.
Skål för Pekkas bastu.
Skål för Pekkas kol.
Skål för alla dem
som har bränt sin svål.

Pekka simmar, Pekka simmar
i en vak.
Pekka leker, Pekka leker
på ett flak.
Skål för Pekkas lekar.
Skål för Pekkas flak.
Skål för alla dem
som drunknat i en vak.

80. ÄCKLAD

Mel: Spelmannen

Jag är äcklad av min make,
jag är äcklad av min far.
De går omkring helt nakna,
visar klockspel och Husar.

De badar alltid bastu,
super, slåss och svär.
De verkar inte fatta,
att de ställer till besvär.

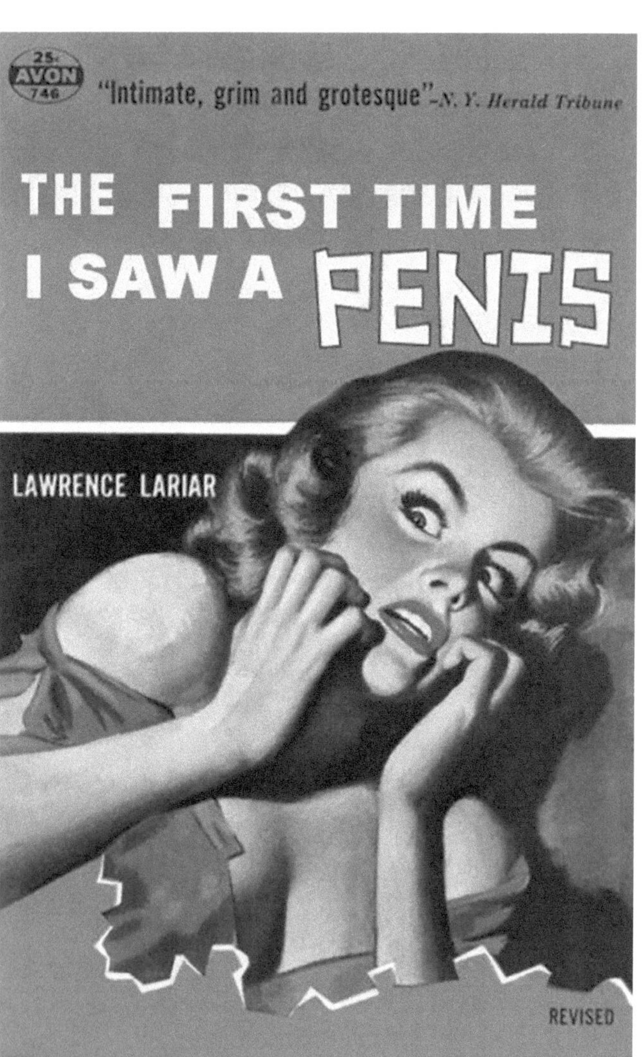

25¢
AVON
746
"Intimate, grim and grotesque"–N. Y. Herald Tribune
THE FIRST TIME
I SAW A PENIS
LAWRENCE LARIAR
REVISED

SNUSK OCH SNASK

81. DU LINDAR
Mel: Visa vid midsommartid

Du lindar mitt ollon
kring en midsommarkrans
och lägger den på ditt lår.
Du skrattar åt minen
Jag ofrivilligt gör
efter smärtan som starkt består.

I natt ska du ge mig av
kärlekens fröjd.
Knåda och mumsa
tills båda blir nöjd.

I natt är vi bjudna av dimman till dans
av brännvin och annan stimulans.

Skål!

82. TREKANT
Mel: Min hatt den har tre kanter

Min fru hon har en trekant,
en trekant har min fru.
Och är det ej en trekant,
så rakar hon sig nu.

83. JAG TRIVS BÄST

Mel: Öppna landskap

Jag trivs bäst med hustruns hängbröst
nära bysten vill jag bo.
Lite tuttar och raketost
så att Olek kan få ro.
Där reder jag mitt sexliv själv
och kryddar med salamikorv.
Och dricker det med hemgjord sprit
som Runar bränt för vår skull
nån gång för länge sen.
Jag trivs bäst med hustruns hängbröst
nära mjölken vill jag bo.

84. VIBRATOR

Mel: Vi äro musikanter

Min fru har köpt vibrator
och kopplat till en slang.
När hon sig själv förnöjer
får jag ett lavemang.
Vibrator vibrator
Lave lave lave mang
Vibrator vibrator!
Skönt det är med slang.

Skål!

85. VIT SOM SNÖ

Mel: Edelweiss

Vit som snö
lite tö
är det i min driva.
Vänslas glatt med
en mulatt
bjuder vännen att dricka.

Refräng:
Dricka från termos av
äkta stål,
den kan ej gå sönder.
Dricka vin
extra fin
är ju ingen blunder.

SÅNGER OM DJUR

86. PEKKAS JULRIMS-VISA

Mel: Solen glimmar

Pekka rimmar kultig gris
nu skall Pekka supa.
Först vill han ha härlig spis
skinkan ligger framstupa.

Skinkan lägges upp på fat.
Oj, vad det blir mycket mat.
Pekka dricker utan gnat
ramlar sen uti spenaten.
Skål!

87. RÄKANS SÅNG
Mel: Barnatro

Har du kvar ditt gamla skal
Det du fick av utbränd val
Kan du krypa än som förr du alltid kröp?

Du blev kokt uti extas
lades sen i cocktailglas
men ditt skal det sparades
i pastorns vas.

Gamla skal
Gamla skal
Tänk att du har
fått lida
alla kval

Bevarat skal
Bevarat skal
I ditt nästa liv
så skall du bli
Fisk-al

LIPS THAT
TOUCH LIQUOR
SHALL NOT
TOUCH OURS

KROPP OCH KROPPS-PROBLEM

88. TANDVÄRK
Mel: Jag väntar vid min stockeld

Jag väntar vid min mila
medan tänderna ila.
Tandvärk är kusligt
och natten är mörk.

Jag tröstar mig med spriten
gjord av Mila-eliten.
Den lindrar aptiten
och ger mig mod i barm.

Ibland så kan det hända
att tänder må avhändas.
Jag drar då ut en ända
av roten som är svart.
Då åter jag använda
den goda spritens
slända.
Värken den är borta
och jag orkar dricka mer.

Skål!

89. HEMORROJDEN GLIMMAR

Mel: Solen Glimmar

Hemorojden glimmar likt rubin
växer raskt i baken.
Klä dig fint
kom i stugan in
men helst så bör du ju va naken.
Klådan är av besvärlig art
ordna salva ganska snart.
Alkohol kan nog va bra
även om det svider.

90. FYLL-SKALLEN

Mel: Spelmannen

Jag är bakis
jag är skakis
jag har inte fått nån sprit.
Ingen cognac
ingen whisky
heller ingen akvavit.
Och min lever den har skrumpnat
och min hjärna likaså.
Men får jag lite brännvin
ja, då dansar jag på tå!

91. SKÄGGIG FRU
Mel: Min soldat

Min fru är så skäggig
hon är hårig som få
duschar mycket sällan
allergisk mot tvål.
Men det gör detsamma
för hon bränner min sprit
någonstans i skogen.

Refräng:
I givakt vi måste stå
måste stå för våra fruar små
som offrar all sin tid
för att skapa Eau De Vie.

Ikväll blir det middag
min fru kommer då.
Hon har med sig en dunk
samt rönnbär likaså.
Nu ska vi fira och bli runda
under fot
någonstans kring midnatt.

Refräng:
I givakt vi måste stå ...

92. PAPPA KOM HEM

Mel: Brevet från Lillan

Pappa kom hem
Nu när mamma
Har fått skabb.
Det kom så plötsligt
När Tor lämna sängen.

Pappa kom fort
för det kliar så förgjort.
Det säger mamma
som rikligt sig smort.

Allt hon vill ha
är en salva
som är bra.
Ingenting annat
det kostar för mycket

I Eran säng
Ligger nu en naken dräng.
Han kliar sig också
på sitt vänstra häng.

Skål!

93. DONATIONSVISA

Mel: Spelmannen

I
Jag är trött och jag är sliten
druckit alltför mycket sprit.
Jag behöver en ny lever
så den kan ni skicka hit.
Jag fick njure utav Sture
och han är numera död.
För det är ju som man säger:
Den enes död den andres bröd.

II
Skicka mjälte, bli min hjälte.
Men jag vill ej ha nåt mjäll.
En blindtarm kan gå bra
och gärna då en sån med fjäll.
I utbyte du får
mitt vänstra innerlår.
Det är mjukt och det är
hårigt och det gillas utav får.

III
Mina lungor slemmigt ljuder
och min magmun den är sur.
Jag fick levern från ett luder
Inga visor går i dur.
Sorgligt är att se min skepnad

och att höra på mitt gnäll.
Men min tarm är väldigt bra och
släpper väder med en smäll.

IV
Min pung den är för tung
och min anal den är för skral.
Mjälten har ett okänt ursprung
ena njuren från Nepal.
Från en kärring uti Kina
fick jag tag på en halv bronk.
Livet blir en enda pina
När som allt är stön och stånk.

V
Fick ett vadben ifrån Skara
och en arm ifrån Bombay.
Dom sa "Det är ingen fara,
armen är nog helt okej".
Men den hamna på fel sida
och så blev allt spegelvänt.
Dessutom får man lida
för att man är impotent.

94. KATETER-VISAN

Mel: Barnatro

Har du din kateter kvar?
Den du ärvt utav din far.
Kan du kissa än som förr
du alltid gjort?

Gud som haver alla kär
Kateter-livet är misär.
Ingen kan med denna skit va' nöjd och
glad.

Prostata! Prostata!
Till toaletten jag nu skyndsamt måste dra.

95. MÅ DIN VIKT

Må din väg gå dig till mötes

Må din vikt gå Dig till mötes
och må vågen vara din vän.
Må solen krympa ditt skinn
och må buken hålla sig i trim.
Och till vi möts igen må Du hålla,
hålla vikten modell slim.

96. RENSA TRUMPETEN

Mel: Ja må hon leva

Rensa trumpeten
där kom en fet en
Movitz tog i så att
ändtarmen sprack.
Oj, vad det spraka
allt kom från baka
/:Movits var nöjd och sen han gjorde
honnör:/

97. MITT NAGELTRÅNG

Mel: Nu grönskar det

Jag pinas av mitt nageltrång
som gör att jag knappt kan gå.
Så lyssna till min klagosång:
Det värker i min tå!

Men om jag doppar den i sprit
försvinner min smärta närapå.

Men det tycker jag är alkoholmissbruk,
jag vill hellre supa än gå!

98. UNDERBETT

Mel: Barnatro

Har du kvar ditt underbett,
kan du tugga en kotlett
eller äta en baguette så du blir mätt?
Nej, jag gapar och jag svär,
knappt jag någonting förtär,
varken förrätt eller varmrätt och dessert.

Underbett, underbett!
Det är så drygt
att aldrig nånsin få bli mätt.
Underbett, underbett!
Och supen måste jag ta med pipett.

99. KATT ETER VISAN

Mel: Min hatt

Min far han har kateter,
kateter i en slang.
Och är det ej kateter,
så är du nog nån ann (än min far)

100. PORTVINSTÅ

Mel: Barnatro

Har du kvar din portvinstå,
som är svullen, röd och blå,
den som liknar mest en mogen bigarrå?
Om du ska ditt portvin få,
får du grunda med Bordeaux,
eller vin ifrån nåt finare chateau.

Portvinstå, portvinstå!
Det känns som att bli
överkörd av en Renault.
Portvinstå, portvinstå!
Jag får nog hålla mig till snaps och till
Pernod.

-Neeej! Jag klarar inte en snapsvisa till!!!!!

INNEHÅLL SIDA